快手
"重返"案发现场
人民的检察官
"重返"案发现场漫画团队 著
法律出版社
LAW PRESS·CHINA
北京

图书在版编目(CIP)数据

"重返"案发现场·人民的检察官/"重返"案发现场漫画团队著. -- 北京：法律出版社，2023
ISBN 978-7-5197-7433-2

Ⅰ. ①重… Ⅱ. ①重… Ⅲ. ①检察官－先进事迹－中国－现代 Ⅳ. ①K825.19

中国版本图书馆CIP数据核字(2022)第242353号

"重返"案发现场·人民的检察官
"CHONGFAN" ANFA XIANCHANG·RENMIN DE JIANCHAGUAN

"重返"案发现场漫画团队 著

策划编辑 张 岩
责任编辑 张 岩 程鹏瑶
装帧设计 Lily工作室

出版发行 法律出版社
编辑统筹 重大项目办公室
责任校对 王晓萍 王语童
责任印制 吕亚莉
经 销 新华书店

开本 A5
印张 6.5 字数 4千
版本 2024年4月第1版
印次 2024年4月第1次印刷
印刷 三河市兴达印务有限公司

地址：北京市丰台区莲花池西里7号(100073)
网址：www.lawpress.com.cn
投稿邮箱：info@lawpress.com.cn
举报盗版邮箱：jbwq@lawpress.com.cn
销售电话：010-83938349
客服电话：010-83938350
咨询电话：010-63939796

书号：ISBN 978-7-5197-7433-2
定价：56.00元
凡购买本社图书，如有印装错误，我社负责退换。电话：010-83938349

总监制	魏春华 刘晓雯 薛苏 倪超
总策划	胡兮兮 王佳敏 戴佳
总统筹	丁靓 代晨迪
漫画统筹	大龙 陈拙 大书
漫画分镜/主笔	阿喵
封面设计	羊大拿 六耳
动画采访	小旋风 马修
动画导演	大器 大龙
动画编剧	石头 可乐 小武
动画分镜	鱼头 波吉 老墨 阿喵
动画美术	羊大拿 阿喵 大龙
网络专题	贾潇 刘蕊 陈洋 伍舒婷
漫画编辑	舒畅 邵佳丹 王福兵 孙素心

新时代检察英模
施净岚
党的二十大代表，
全国先进工作者，现任上海市
浦东新区人民检察院三级高级检察官，
带领团队成功办理林某某投毒故意杀人案、
全国首例利用比特币洗钱案、申城最大毒品专案
等众多重特大案件和疑难复杂案件。

哒
哒
哒
哒
吱嘎
刑法
民法典
经济学

妈，你夜里不睡觉在这打游戏？
沾上网瘾啦？

你不要管我，
快去睡觉。
我这是工作需要。
检察官还要学
打游戏啊？
GAME
OVER
又没过关……

我是检察官施净岚。
这次，我遇上的几个对手可不简单。
施净岚

他们合伙开了个
游戏私服，

像幽灵一样潜藏在互联网中，
把游戏公司的老板耍得团团转。

警方好不容易抓住了
两个犯罪嫌疑人。
一个是幕后黑客
谢海
一个是程序员
赵刚

赵刚对此供认不讳，
可就在让他指认同伙时，
他竟然说彼此从来没见过面。

面都没见过，
你就敢跟他合伙？

当时没有合伙
这个概念……
私服嘛，我从小就玩，
真不知道这是侵权……

你们平时怎么
联系？

语音电话
线上聊天
就跟普通网友一样

你们互相之间怎么
称呼？有代号吗？

我们又不是黑客帝国，
就用网名。
我秋雨，他龙头。

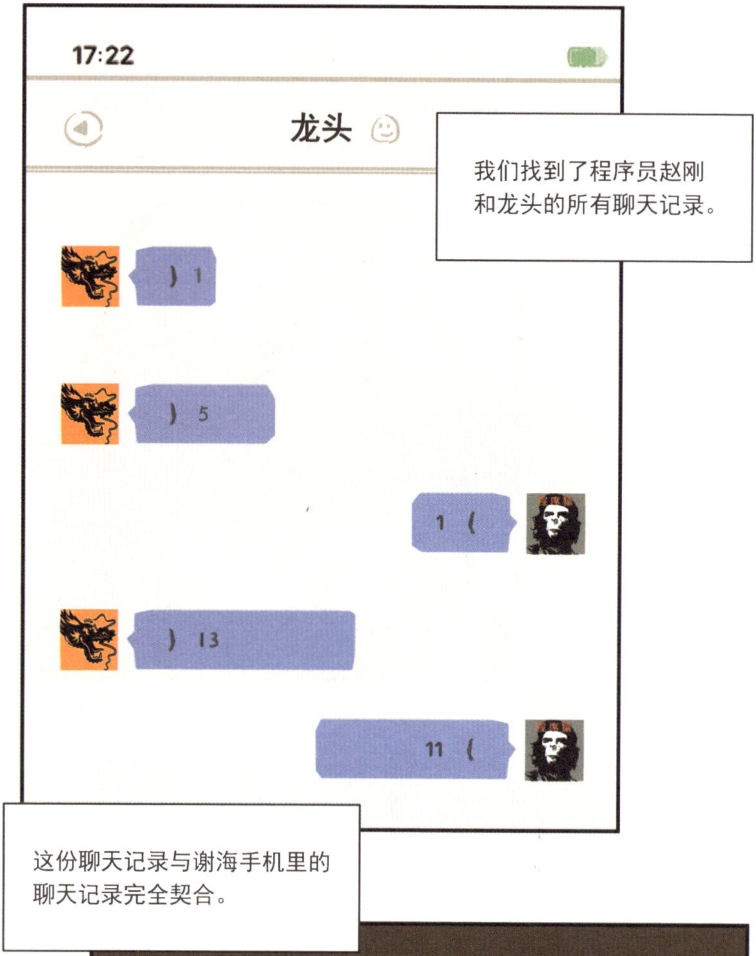
17:22
龙头
) 1
) 5
1 (
) 13
11 (
我们找到了程序员赵刚
和龙头的所有聊天记录。
这份聊天记录与谢海手机里的
聊天记录完全契合。

这几乎就可以判定，
谢海就是龙头。
但此时，赵刚讲了
一个细节：
龙头的普通话
非常好，听不
出是哪里人。
可谢海在我面前却说一口
地道的粤语。

领导，你真的抓错人了。
赵刚，哦，也就是秋雨，
他提供的聊天记录中有个叫龙头的人，你认识吗？
……不认识

那请你解释一下，为什么
秋雨一和龙头打电话，
你这里就有通话记录，
而且通话时间一模一样？
10:16
186XXXXXXXXX
秋雨
186XXXXXXXXX
秋雨
联系人
通话记录
你能删，
我们就能恢复！

……

……随便聊聊……

随便聊聊？
你和他连续好几个月每天凌晨聊两三个小时，还故意用境外的软件……
你说这是“随便聊聊”，聊什么呢？

我们……

我，我们……

我们是谈恋爱！

……
……

你刚才还说不认识赵刚，
现在就跟他谈恋爱了？

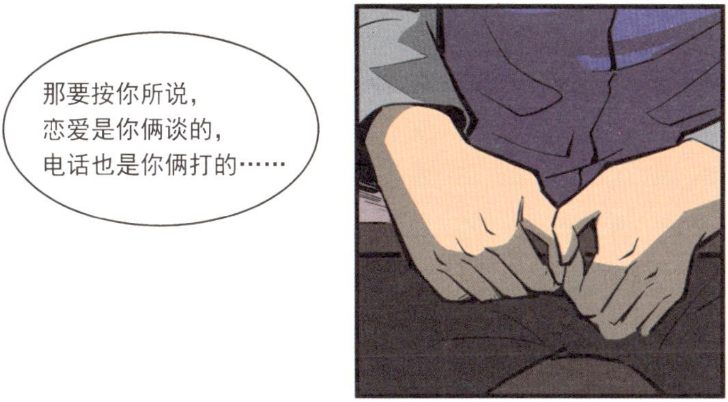
那要按你所说，
恋爱是你俩谈的，
电话也是你俩打的……

谢海，你不就是龙头吗？

是，我是龙头。

但我也是受害者啊！
我上面还有人！是老K！
坑我入伙的老K！

老K……
赵刚手机里有他和老K的聊天记录，我发现……
CALL你了
老K曾发送“CALL你了”给赵刚。
程序猿

间隔不到一分钟，龙头就拨打了赵刚的聊天账号，一聊就是两个多小时。
按照咱们的生活常识来看……

这很像打字说不清楚
就打电话。
我开始怀疑……

龙头和老K……
龙头
老K
是一个人！

我不清楚老K和龙头是什么关系，
不过老K是拉我入伙的人。

他找到我的时候，我还在游戏公司做开发。
我们这行，30岁以后就有被裁员的风险。

老K知道我还有老婆孩子，压力很大，

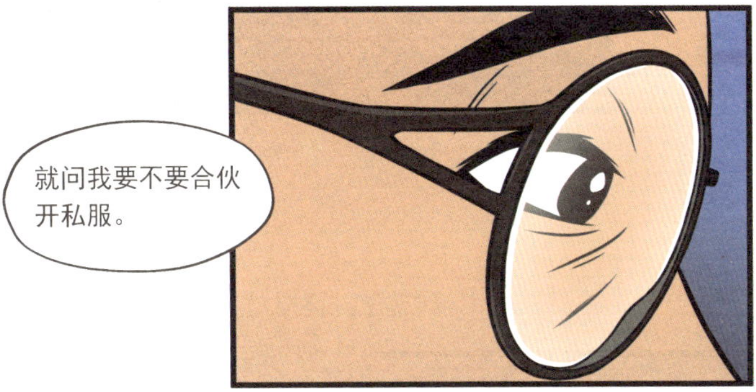
就问我要不要合伙开私服。

入伙一起干！

老K拉你入伙，给你开出的是什么条件？

条件什么的我不太在意。
主要是老K的态度，让我感觉真的是在做一件大事……

还有龙头，半夜改bug（程序漏洞）的时候，他一口一个兄弟，叫得我暖洋洋的。

难道你给他们无偿干活？
不不不，还是有工资的，不过老K发的是比特币。

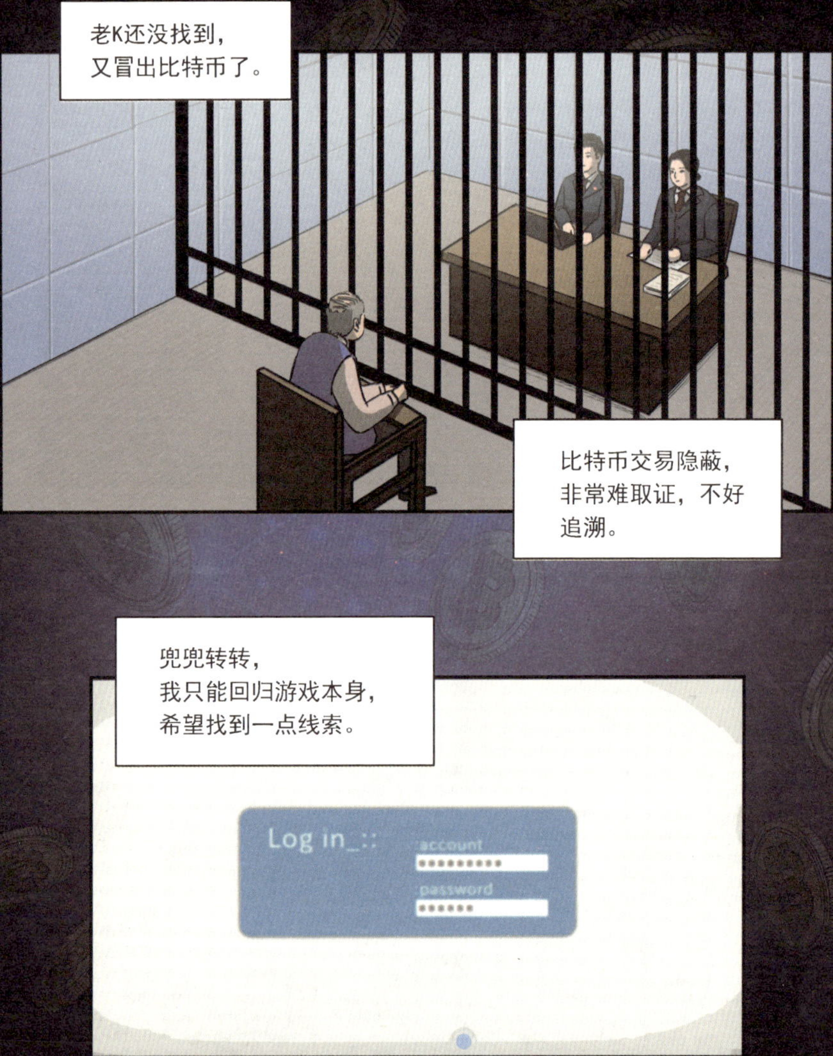
老K还没找到，
又冒出比特币了。
比特币交易隐蔽，
非常难取证，不好
追溯。
兜兜转转，
我只能回归游戏本身，
希望找到一点线索。
Log in_::
account
password

沙沙
沙沙

哦哟，妈，
你打游戏还做笔记？

哎哟……当年司法考试都没打游戏难。
难就找我啊，我免费教！
你作业写好啦？
早就写好了，明天周末，我正好帮你补补课。
好呀，那你跟我说说，这游戏怎么打才能厉害？
最快的办法就是充值，人民币玩家老厉害了！
你点这儿，
点这儿……对对对……

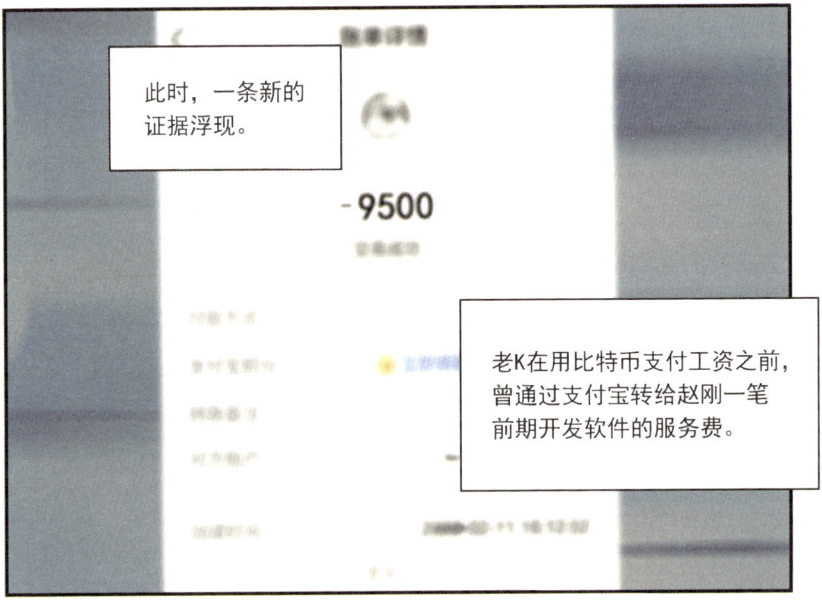
此时，一条新的
证据浮现。
-9500
老K在用比特币支付工资之前，
曾通过支付宝转给赵刚一笔
前期开发软件的服务费。

而谢海的支付宝账户交易
记录显示，正是谢海给赵
刚转的这笔钱。
-9500

被告人谢海，
请你解释一下。
为什么你可以操作
老K的账户给赵刚
转账？
老K太忙，让我兼职
财务给赵刚发工资。
我就是个热心肠的
普通玩家。

你说你是个普通玩家，
那能否解释一下，
为什么你的MAC地址
和IP地址显示的是
管理者，拥有最高
权限，
还可以在服务器上
进行有关的修复操作？
被告人谢海，
请你回答一下
上述问题。

这是他栽赃我！
他是程序员会搞这些！
我什么都不懂！
检察官，
我没有！
兄弟！
是你干的你就认了吧！
我看你就是老K！
兄
弟

检察官，我认得这个声音！他就是龙头！
从讯问室到庭审现场，谢海一直都在讲广东话，
为的就是不被赵刚听声认出。

可谁能想到，那句温暖了赵刚无数个夜晚的“兄弟”，
成了赵刚指认他的有力证据。
谢海无法解释自己的管理者身份，恰恰证实了他就是老K。
至于他俩的恋爱关系，也是谢海为了脱罪胡乱编的。

可正是这句胡话，才让我找到了逻辑上的突破口。
公诉人
在证据和常识面前，谎言永远无法成立。

经检察机关提起公诉，法院以侵犯著作权罪分别
判处主犯谢海有期徒刑六年，并处罚金45万元；
从犯赵刚有期徒刑三年，并处罚金15万元。

新时代检察英模
王勇
中国检察
全国先进工作者，
全国人民满意的公务员，
全国模范检察官，江苏省苏州工业园区
人民检察院党组书记、检察长，
“法不能向不法让步”“如我在诉”“追诉犯罪者，
保护无辜者”等司法理念的倡导者。

师父，
怎么样了？

啪

都是老鸭子，
嘴硬！

我是检察官王勇，
我正在办理一起重点案件。

涉及四大门店，
共非法交易5万多次。
公安机关掌握了大量的证据后，
移送到我院审查起诉。
但在阅卷时，有个问题
我怎么都想不通……

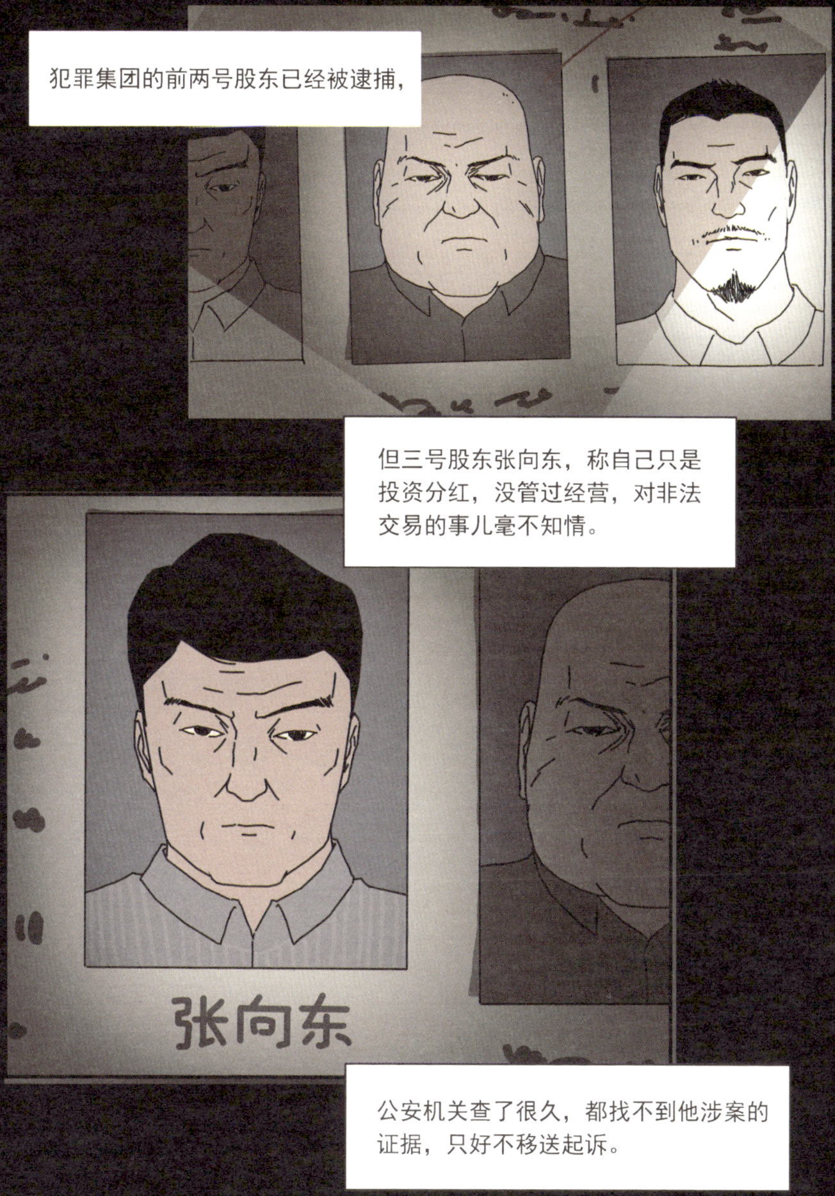
犯罪集团的前两号股东已经被逮捕，
但三号股东张向东，称自己只是投资分红，没管过经营，对非法交易的事儿毫不知情。
张向东
公安机关查了很久，都找不到他涉案的证据，只好不移送起诉。

我调查了几天，
同样没进展。

连店里员工都说没见过
张向东，他有没有可能
真的不知情啊？

小王，你之前买过基金吧？
买过呀！
我记得你总共投了不到一万块钱，还天天盯着走势呢。
哎呀，又跌了……
肯定呀，那可是我一个多月的工资！

①马仔：方言，流氓恶霸的狗腿、帮手。

我沉下心研究本案，将自己代入张向东的思维方式，在脑海中模拟着他的行为模式。
思来想去，我突然意识到……
有一个人或许会成为案件的突破口——

雪姨
具体负责人
025
看守所
都说过几次了，我真的不认识张向东！
你们门店组织进行非法交易的证据，
已经被掌握了。
推
讯问笔录
!!

如果股东都不是主犯，你知道是谁来承担最大的法律责任吗？
你！

有证据证明你是门店的具体负责人，
非法交易活动都在你的直接组织之下，你是跑不掉的。
5万多次非法交易，你想过要被判多少年吗？

……张向东和另外两个股东确实参与了。
他们才是主犯。
你不要为了推脱罪责就想诬陷别人。
这个要有证据的。
证据？这……
他都是远程指挥我们，打过不少电话，但也没录过音……

我想起来了，
他之前给我发过一条短信。
张总
晚上王总来，介绍点好货
没问题

啪嗒
张向东的通信记录都在这儿了。

我翻了十多天，
才找到雪姨说的
那条短信。
但这还不够。
我顺藤摸瓜，又查到——
张向东和雪姨曾在40天内
通话58次，发短信17次。

张向东对店里经营不知情的辩解，
越来越立不住了。

庭审临近，被公诉的17个被告人，一共请了23个律师。
庭审前夜

发表
发表文字
一场恶战，无限期待
庭审越激烈，心情越兴奋！
他们会使出什么招数，我还料想不到。
所在位置
提醒谁看
谁可以看

庭审当天
史春明，
公诉人在看守所
对你进行讯问时，
是否有威胁、
引诱的行为？
辩护人

有！我对非法交易完全不知情，也没参与过，都是他们逼我承认的。
史春明
俱乐部保安经理
被告人
议论
议论
议论

办案持续了将近半年时间，
保安经理等工作人员都是主动认罪，但没想到被告人会当庭污蔑并翻供。
不过，我还是留了一手。

审判长，公诉人申请出示证据一。

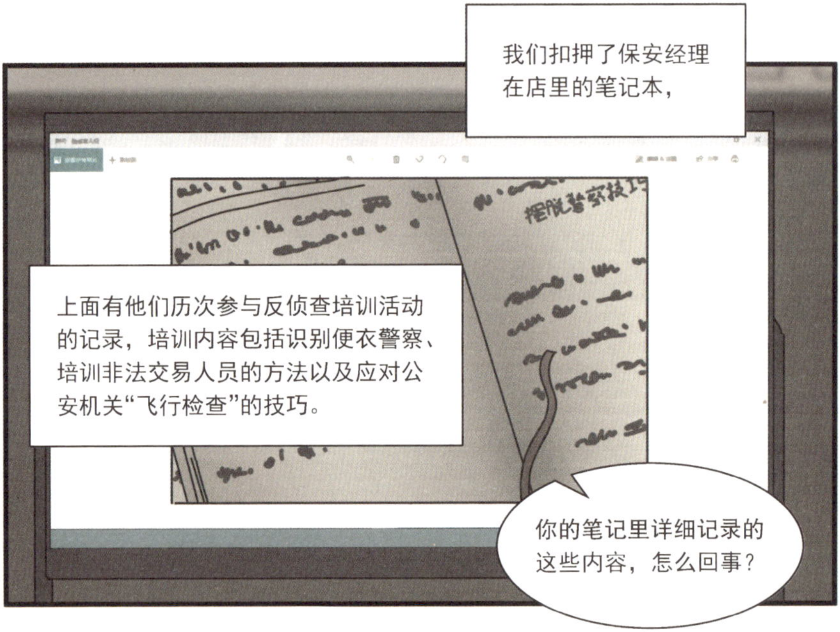
我们扣押了保安经理在店里的笔记本，
上面有他们历次参与反侦查培训活动的记录，培训内容包括识别便衣警察、培训非法交易人员的方法以及应对公安机关“飞行检查”的技巧。
你的笔记里详细记录的这些内容，怎么回事？

我好学呗！网上搜索长知识而已，跟俱乐部又没关系。

审判长，公诉人申请出示证据二。

这里是另一个门店经理的笔记。

你俩在持续一年多的
每周会议上都做了同
样的记录，
是心有灵犀地共同
学习吗？
嗬……
…………

对我来说，证明组织非法交易活动并不难。
最难的还是能不能定张向东的罪。
我搜集的那些信息成了关键证据。
晚上王总来，介绍点好货
没问题

我没收到过这条
短信啊。
张向东
俱乐部三号股东
被告人

首先，移动公司
显示短信已发送
成功。
其次，从通话记录来看，
你在收到短信的40秒后，
又打回了电话。

这是为什么？

我经常接待朋友去店里玩，找雪姨招待一下嘛。
非法交易可都是她自己搞的，我可不知道。

是吗？

那你签字的这张消费单……
1396
是什么？

……刚不是说了么，招待朋友啊！
你招待两位朋友的金额是1396元，有证据证实……
这正好是非法交易两次的价格。

如果不是非法交易，
请说明钱干什么用了？

砰！
这个案子非常困难，
办理了近半年，讯问50余次，
庭审持续了整整7天。

三个股东拒不认罪，
否认组织非法交易
的行为，
只承认了租赁场地等
无关痛痒的情节。
但最终，在犯罪集团前三号人物从未
作出有罪供述的情况下，检察机关还
是成功对其追诉。
主犯被判有期徒刑十五年，
张向东被判有期徒刑七年。

我常想，公安机关移送来的案件材料，就像一盒拼图碎片，
而我们检察官是“拼图人”。

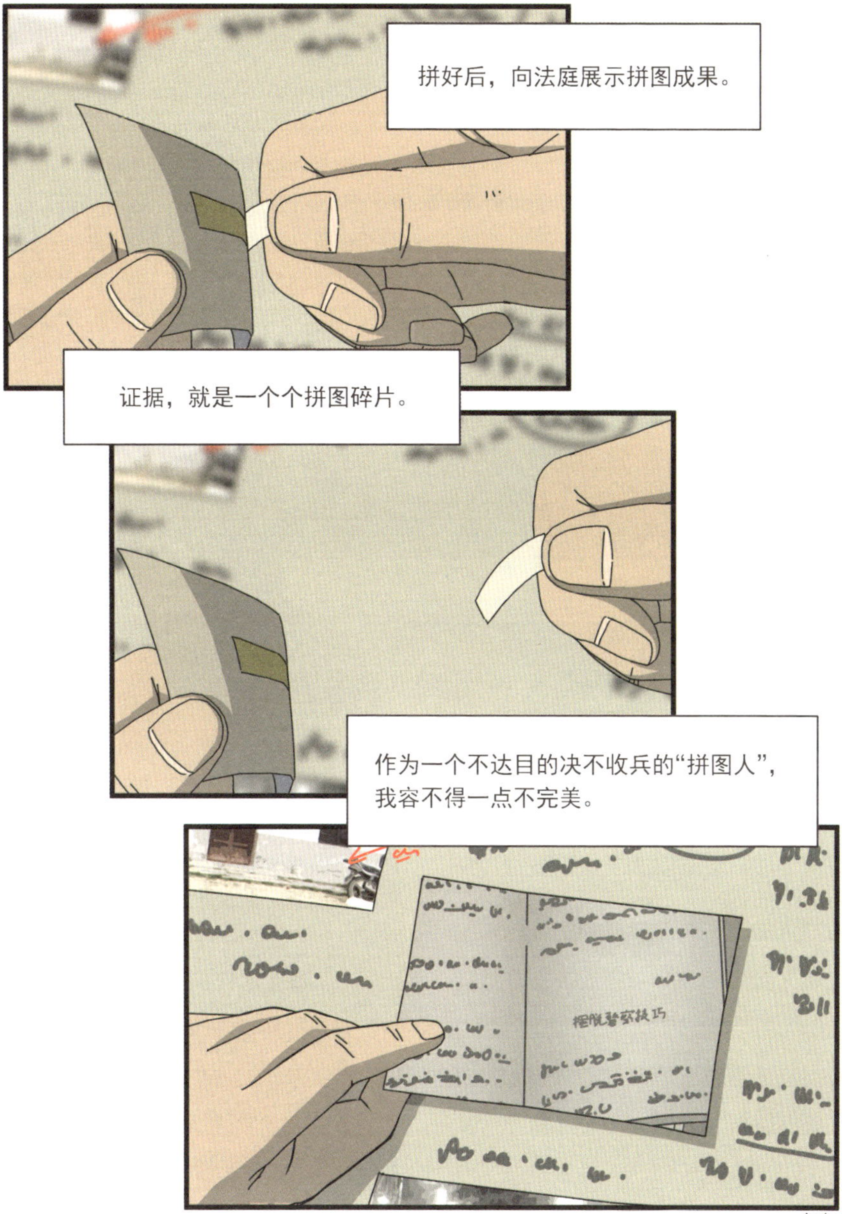
拼好后，向法庭展示拼图成果。
证据，就是一个个拼图碎片。
作为一个不达目的决不收兵的“拼图人”，我容不得一点不完美。

因为这幅拼图，代表事实和
证据，也代表真相与正义。
我认为，检察官就像《权力的游戏》
里的守夜人，

坚守正义，至死方休。
今夜如此，
夜夜皆然。

党的二十大代表，
全国先进工作者，全国维护
妇女儿童权益先进个人，全国模范检察官，
现任重庆市大渡口区人民检察院检察五部主任。
从事未成年人检察工作19年，她让300余名涉罪未成年人
走向新生，是孩子们口中的“莎姐”。

来打啊！
谁怕谁啊！
你给我过来！
咱离远点
怎么了这是？
赶紧找老师啊

啪！
吓

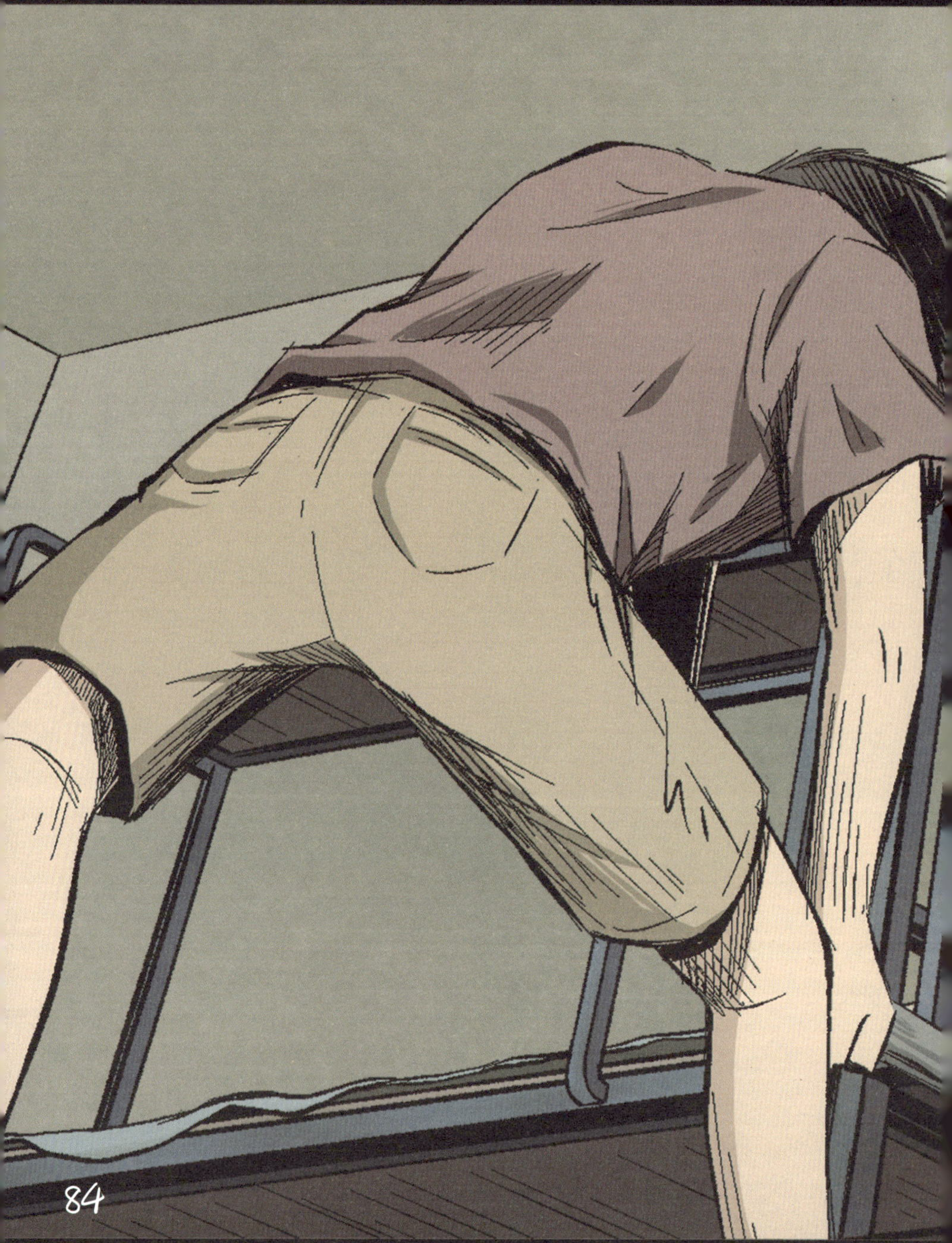

咣!

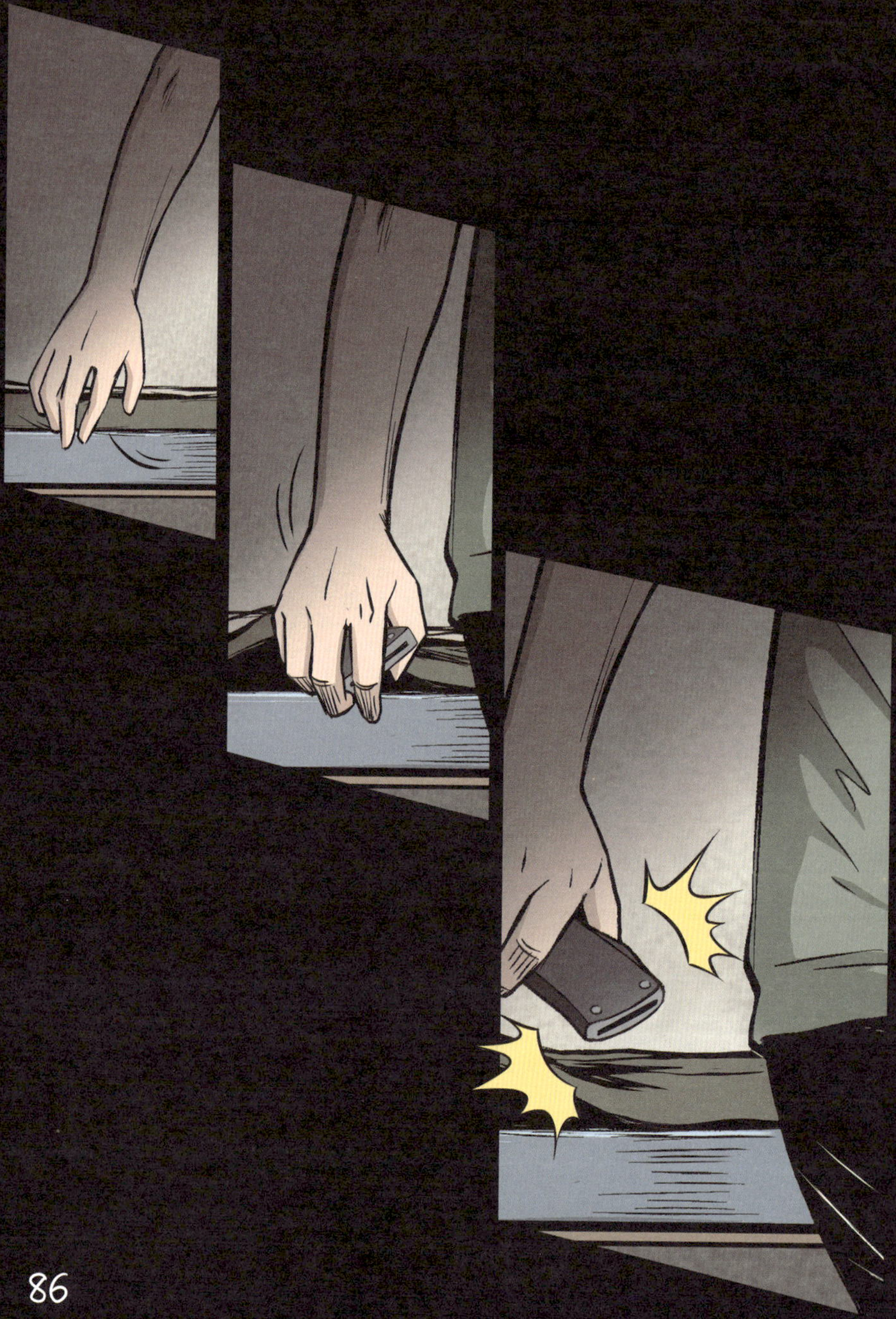

别过来啊——

啊……
救……

救……
救护车——

我是梅玫，
负责未成年人检察工作的检察官，

也是重庆市青少年维权岗的“莎姐”检察官。
重庆市大渡口区人民检察院
莎姐青少年维权岗
我第一次见到小文时，他只有15岁。
0629
为什么打架啊？

那天林超带着人冲进我们寝室要打刘志强。
刘志强是我哥们儿，我肯定要帮他啊！
刀是你提前准备好的？
嗯，本来只想吓唬吓唬他们的……

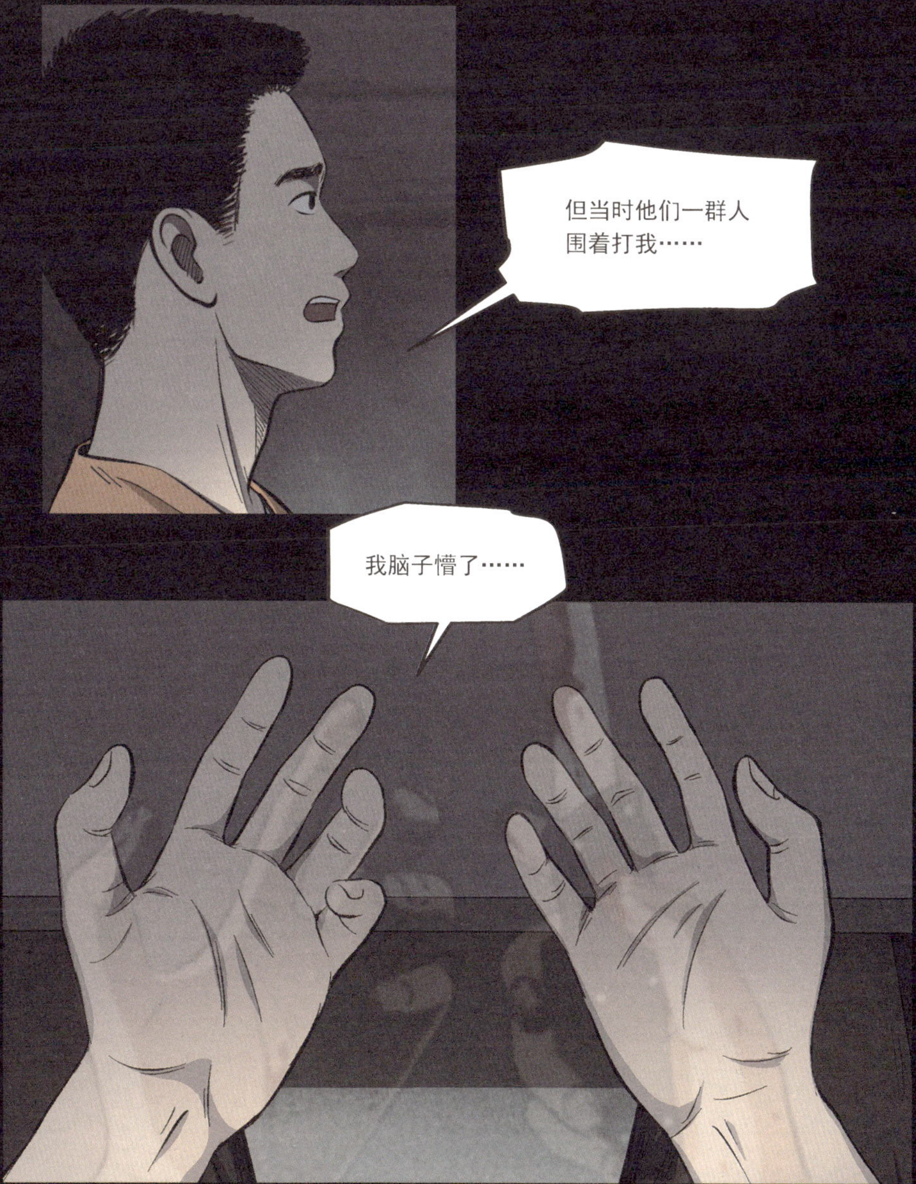
但当时他们一群人
围着打我……
我脑子懵了……

我真的很后悔！
不过我一人做事一人当！
很多涉罪未成年人都像小文一样，觉得自己长大了，天不怕地不怕。
可真正要承担刑事责任的时候，
才意识到这并不容易。

由于小文主动自首，家人积极赔偿，并取得了被害人的谅解，
他被检察机关附条件不起诉。
附条件不起诉宣告会
在一年的考察期内，如果没有发现有犯罪行为并遵守相关规定，他就不会被起诉。

但十几万元的赔偿款
压垮了这个家庭。
母亲早逝，父亲收入很低，
对于这样一个家庭来说，
这是一笔重担。

回去后有什么想做的吗？
想回学校……

现在知道学习有用了？
学校都把你开除了！
……
就算学校要你，
我也没钱供你了！
您别这么说他呀，
想读书是好事。
我可以帮忙
想想办法。

赶紧谢谢检察官阿姨！
啪
谢谢。

让人民群众在每一个司法案件中感受到公平正义

嗡
小文父亲
嗡
嗡
喂，小文爸？
梅检察官，您快来看看小文吧……
出什么事儿了？
我，我怕他想不开……

咔
砰！
…………
我尝试跟小文交流，
但他几乎不开口，
也不敢直视我。

你游戏打到
什么段位了？
啊？星耀。

还是你们年轻人厉害！我好不容易才打到钻石。
你打什么位置啊？
射手！
巧了，我打辅助。

那下回咱俩打双排呗，你带带我！
你们检察官也玩游戏呀，行啊！

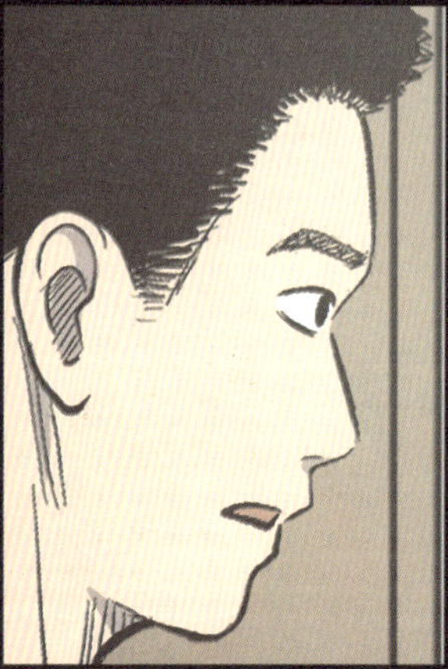

不过我最近都不打了。

最近心情
不好？
不想总跑出去，
让我爸操心。
那很好啊！
……

我爸特别烦我，
唉……
我觉得我就是个负担……
一回家就窝那儿！
就不能干点正事儿吗！
怎么生了这么个废物……

我姐又不回来了？
她打工啊，十几万元那么好赚吗！

要不……
我也不上学了吧……
啪

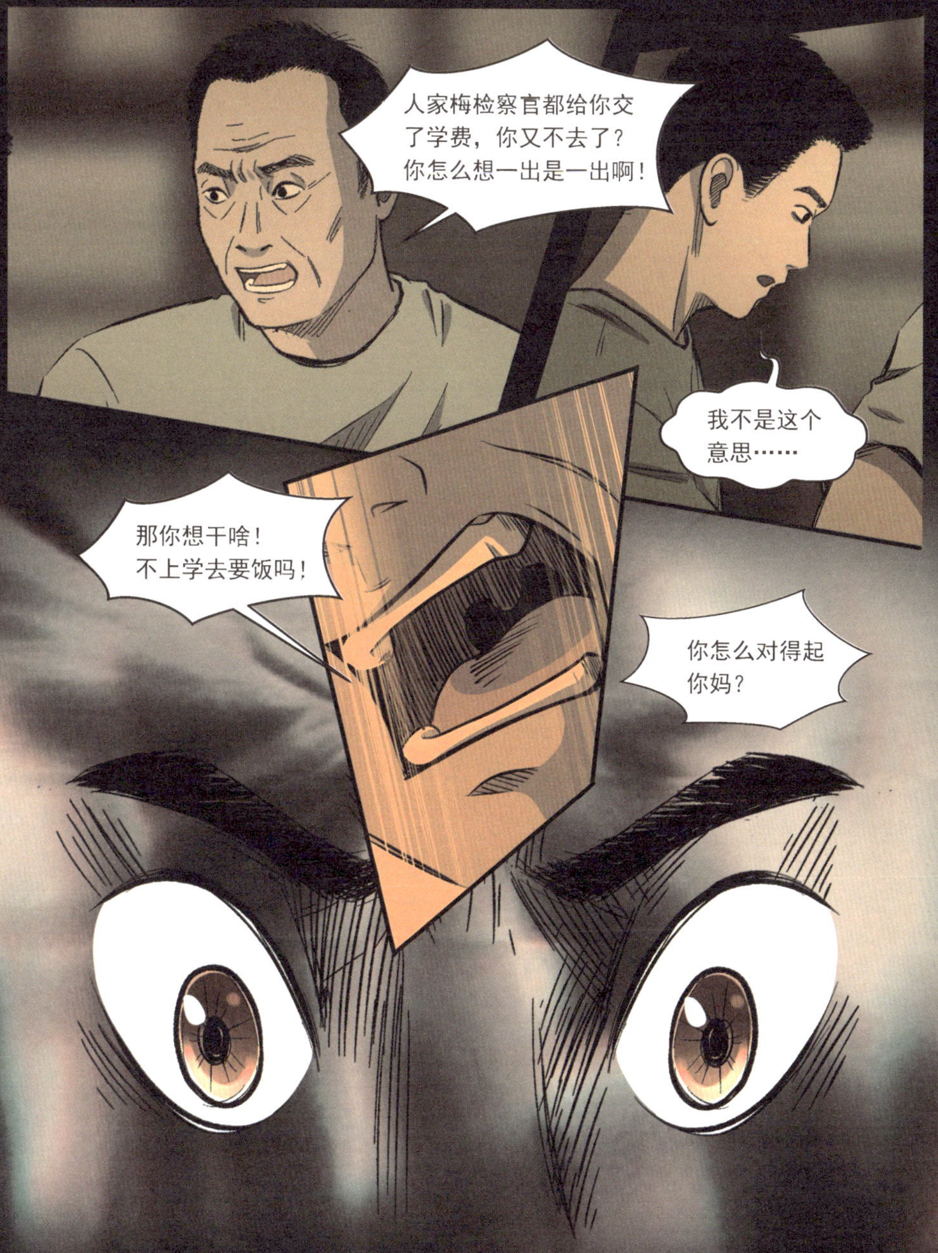
人家梅检察官都给你交了学费，你又不去了？你怎么想一出是一出啊！
我不是这个意思……
那你想干啥！不上学去要饭吗！
你怎么对得起你妈？

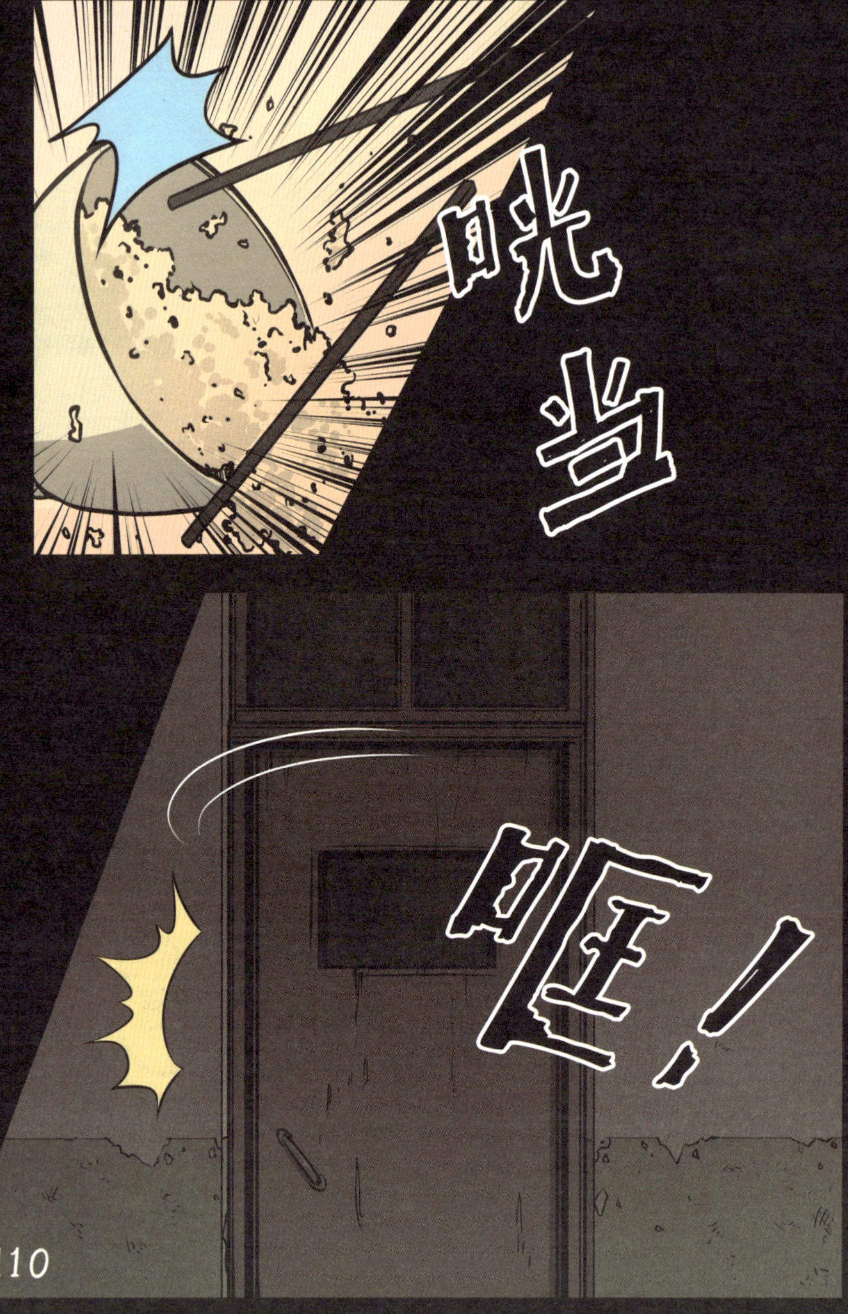
咣当
哐！

我姐为我付出了
很多……
我觉得我一直在
给他们添麻烦。
小文更加敏感了。

他默默观察家人的情绪，
想分担，但不知如何沟通，

他非常自责，认为
自己一无是处。

他痛苦万分……
看不到任何希望。

我给小文的父亲做了多次家庭教育指导，
他终于认识到自己之前对孩子的态度是错误的。

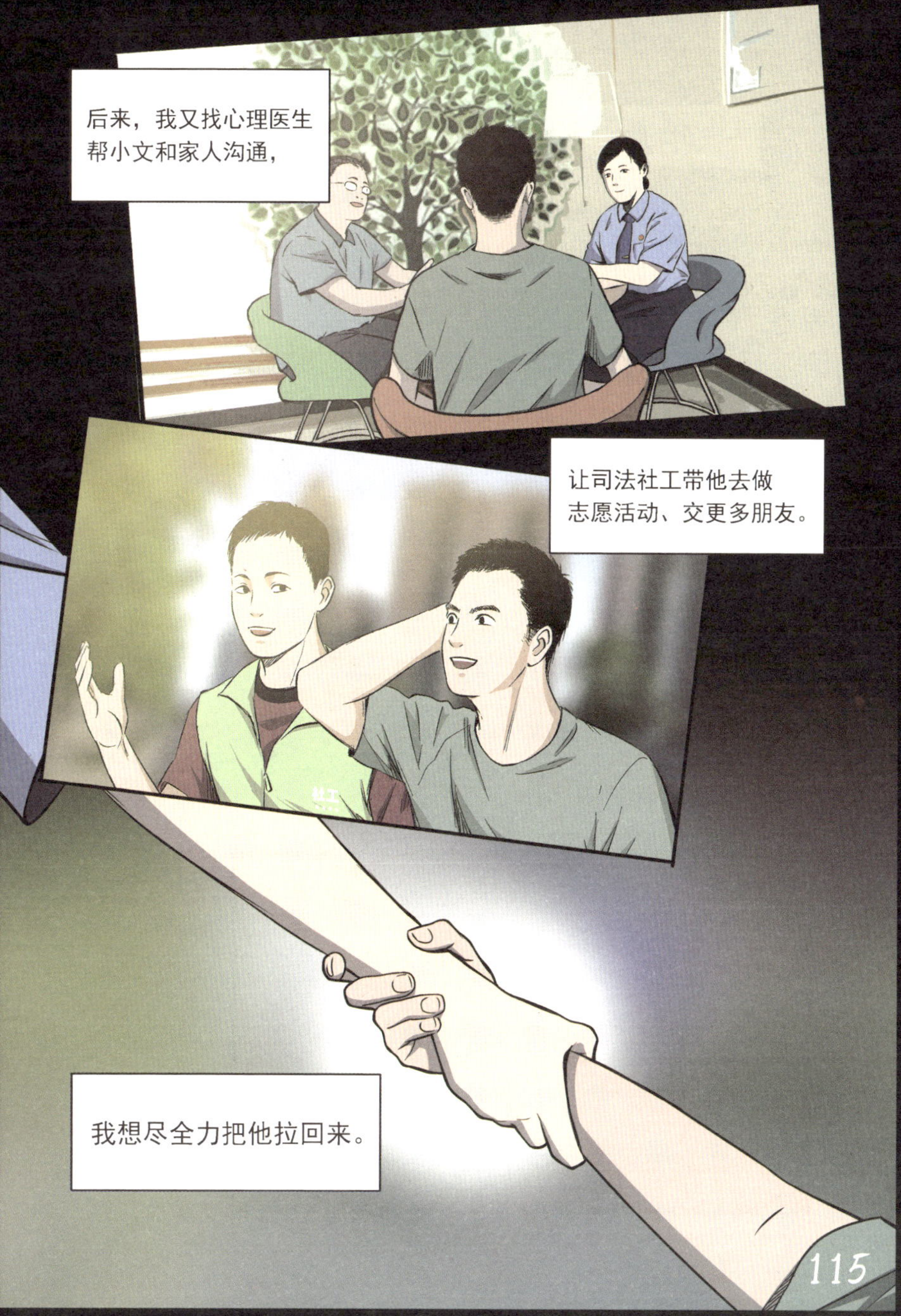
后来，我又找心理医生
帮小文和家人沟通，
让司法社工带他去做
志愿活动、交更多朋友。
社工
我想尽全力把他拉回来。

一年后
拾光咖啡店
哒

梅姐尝尝，
我亲手做的。

小文希望通过自己的努力
承担起家庭的责任。
他找到了一份兼职工作，
顺利通过了考察期。
前两天我姐还带我爸
来喝我做的咖啡呢！
你看！

看着小文认真生活的样子，我觉得一切付出都是值得的。
其实99％走上歧途的孩子都是偶发性犯罪，与家庭、社会的影响有很大关系。
一味地惩处，会将他们推到社会对立面，增加社会的不稳定因素。

而找到他们的“病症”，给予帮扶，有很大概率能将他们挽救回来。
这也是“莎姐”检察官的使命。

“莎”是一种可入药的草本植物，
我们要做的就是治病救人，
拯救迷途的少年。

新时代检察英模
徐贺
海南省人民检察院
第一检察部四级高级检察官，
全国“双百政法英模”，全国
扫黑除恶专项斗争先进工作者，曾办理
“黄鸿发家族涉黑案”“吴宗隆家族涉黑案”等大要案。

我的人都敢动……
这是要反了天了！
鸿发帮老大
黄鸿发

大哥……我……
我给大哥丢人了……
行了，别动了。
说，这谁干的？
赵凡！住钢厂家属院的那个！

传我的话，只要是在昌江混江湖的，今晚都去干那个姓赵的！
想拿刀拿刀，想拿棍拿棍！
敢动我鸿发帮的人，我看他是忘了昌江姓什么了！

兄弟们踩好点咯！
赵凡还躲家里呢！

去吧。
你们爱怎么样
就怎么样。

啪

呜——

吱
嗬！
得多叫几个同事，找几辆推车来。
我是检察官徐贺，
从检十多年，这厢式货车装的案卷，我真是头回见。

这一千多册案卷，记录了黄鸿发家族黑社会性质组织案的全部罪行。
其中的“一号命案”，得从2009年的一场聚众斗殴说起。

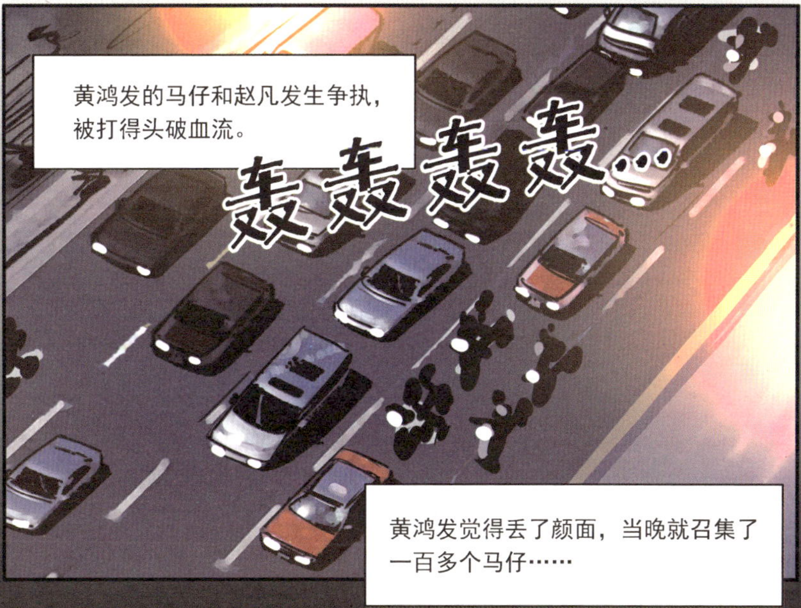
黄鸿发的马仔和赵凡发生争执，被打得头破血流。
轰轰轰轰…
黄鸿发觉得丢了颜面，当晚就召集了一百多个马仔……

冲啊！
上啊！
夜袭家属院！
轰轰轰轰…

都敢带人打到我门上来了，真是条好狗！
赵凡，你死到临头还嘴硬！
赵凡
别废话，放马过来！

兄弟们，上！
黄鸿发的马仔
文斌

谁是赵凡啊？
打他，管他是谁！

哎！这人肯定是一伙的！还躲呢！

被害人
林海岛
站住！
还跑！
嗵！
咚！
砰！

检察官，我儿海岛从不惹事。那晚，他只是去找朋友玩儿。
没想到，我那可怜的儿啊，被他们害死了，呜呜呜……
推
当时啊，黄鸿发派马仔找我私了，说要给我60万元，逼我签家属谅解书。

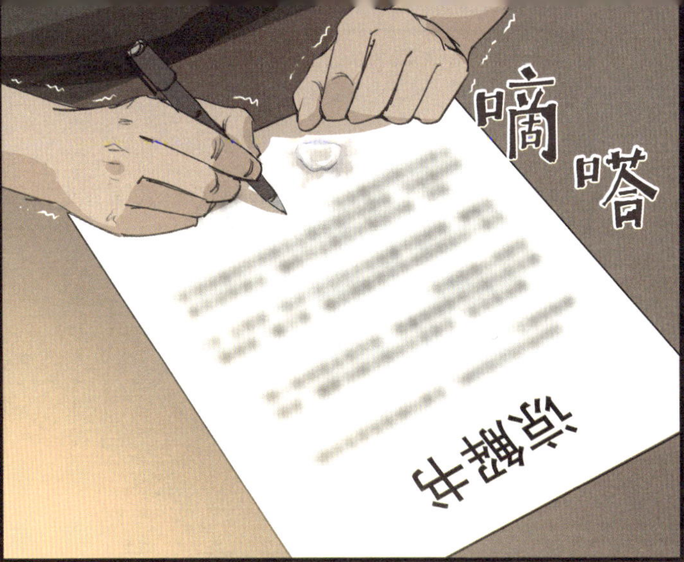
嘀嗒
谅解书

鸿发帮……

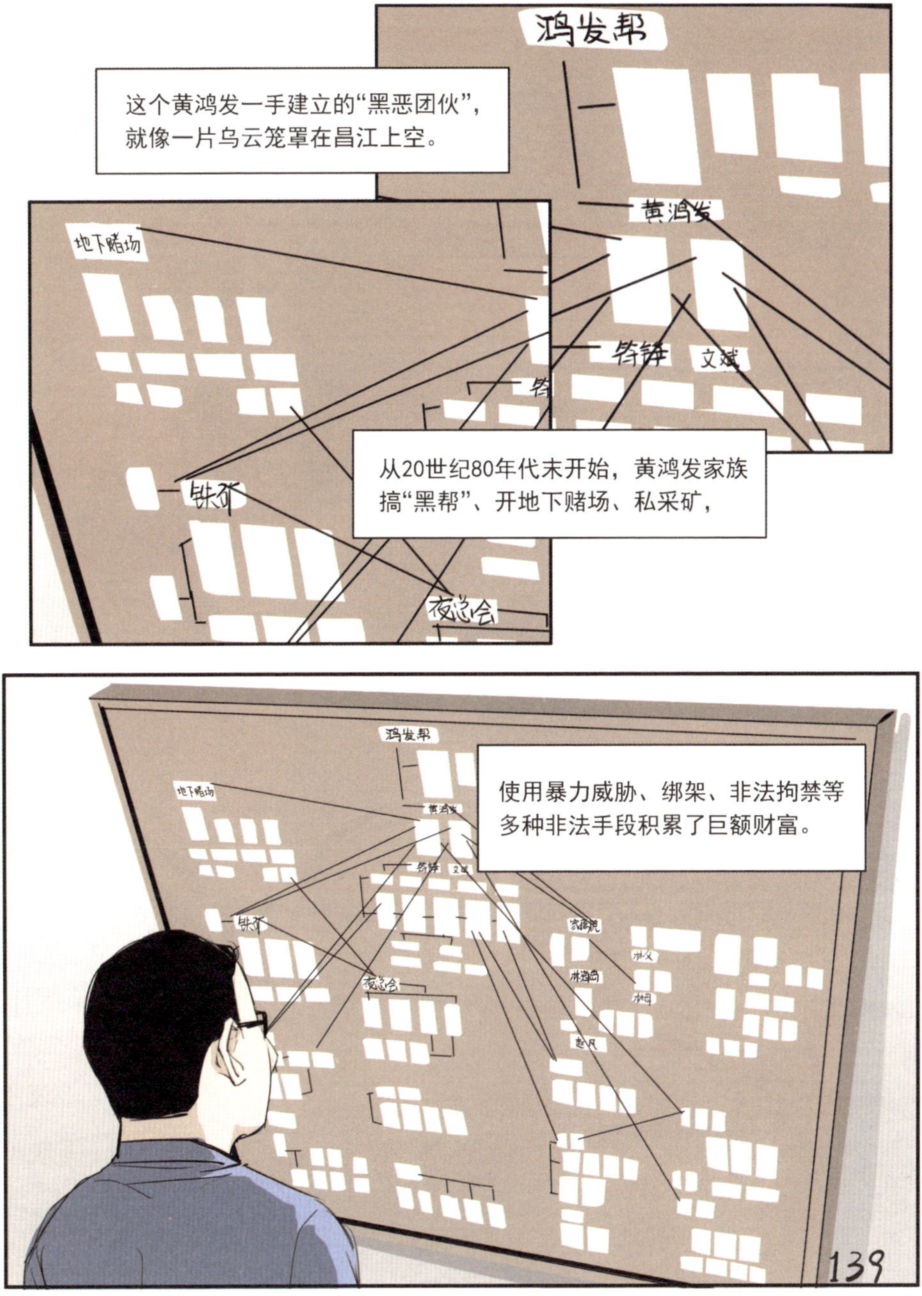

这个黄鸿发一手建立的“黑恶团伙”，就像一片乌云笼罩在昌江上空。
鸿发帮
黄鸿发
地下赌场
文斌
铁矿
夜总会
从20世纪80年代末开始，黄鸿发家族搞“黑帮”、开地下赌场、私采矿，
使用暴力威胁、绑架、非法拘禁等多种非法手段积累了巨额财富。

黄鸿发出手阔绰，豢养数百名马仔，
给他们买豪车、送别墅。

这让很多年轻人开始崇拜他，
甚至不惜辍学去给他当小弟。

黄鸿发仗着自己父亲的公职身份和保护伞的包庇、纵容，
以商养“黑”、以“黑”护商，公然作恶30年。
这让当地的老百姓“闻黄色变”。
检察官，
你去昌江走一走，问一问，只要看得起我，愿意跟我做事儿的人，哪个不是吃香的喝辣的？

但是你的马仔说，跟着你做事儿，还得杀人呢。
饭可以乱吃，话不能乱讲啊！
谁杀人了？当时公安局可都是做过笔录的！但凡有一个名字，我就……

啪！
你的马仔文斌已经承认了！当年你为了面子，指使那么多人去报复赵凡，导致林海岛死亡！

你以为订立了攻守同盟，让文斌替你顶罪服刑，这件事你就真的洗干净了？

检察官，你挺会讲故事啊。
文斌去投案之前，你们见了一面吧？
他去投案跟我有什么关系？我见他干嘛？

案发前后，你和文斌的通话记录够多的嘛！
通话记
139xxxx4444
139xxxx4444
139xxxx4444
139xxxx4444

为什么文斌出狱以后，第一个给他接风洗尘的是你？给了他100万元的还是你？
逢年过节给他送烟送酒送钱的还是你？

我们是好朋友好兄弟，
我愿意照顾他一下。
怎么，这犯法吗？

我知道黄鸿发心里打的什么算盘。

他觉得自己在昌江混了30年，
去哪儿都有人罩着。

犯了那么多罪都能全身而退，
这次肯定也不例外。

文斌最开始也是这么想的。

聊了两个多小时，
渴了吧？
听说你每年夏天
都买很多椰子？

买椰子也犯法吗？
孝心怎么会犯法呢？
什么意思？

你每年都会给你80多岁的老母亲买椰子喝，要最新鲜的。
喝不了坏了，就扔掉再买新的。

你们有什么事儿就找我！我妈她什么都不知道！

你放心，椰子我给她送过去了。

你妈妈不知道你在这。

这些小恩小惠，
我不需要！
文斌，你妈妈一直在问你去哪里了，老人家很想你。
我知道，你现在还以为我是在走过场，觉得过不了几天，你大哥就会捞你出去。
但我现在要严肃地告诉你，扫黑除恶专项斗争从中央到地方都是动了真格的！
你不要心存侥幸和幻想。

检察官，
我还是那句话，真的和别人没关系！

黄鸿发罪大恶极，你跟着他一条道走到黑就只有死路一条，没有任何好处。
你好好配合我们，如实供述，提供重要线索，可以争取立功。

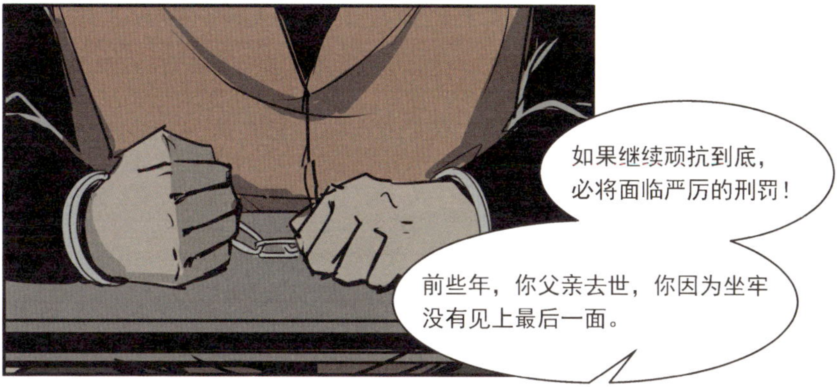
如果继续顽抗到底，
必将面临严厉的刑罚！
前些年，你父亲去世，你因为坐牢
没有见上最后一面。

老太太都80多岁了，
每天为了你提心吊胆，
你忍心吗？

……给我一支笔，
再给我几张纸。

档案盒
文斌一口气供认了多条指向明确具体、可查性强的重大线索。
这是一个巨大的突破口。
在我和91位检察同人的不懈努力下，
专案组先后提出侦查建议800余条，提出补查补证意见200余条。

3个月后，我们终于在一千多册案卷中提炼出犯罪事实，
形成了5份共二十余万字的起诉书，检察机关正式提起公诉。
起诉书

庭审当天
海南省第一中级人民法院
法庭上，黄鸿发刚开始还是一脸气焰嚣张、满不在乎的样子。

都是黄鸿发让我去
报复赵凡！

你想清楚再说！
这可是要杀头的！
他的自信轰然倒塌。

审判长，我认罪悔罪。

!!

2020年1月13日，法院一审判处黄鸿发死刑。
经最高人民法院核准，
黄鸿发于当年7月30日被执行死刑。

这场扫黑除恶的斗争，
正义赢了。

新时代检察英模
潘志荣
党的十九大代表，
全国模范检察官，内蒙古
自治区包头市达茂联合旗人民检察院
检委会原专职委员，四级高级检察官（现已退休）。
从检35年，在不同岗位上守护着草原，被群众亲切地称为
“游牧检察官”“牧民的好安达”。

嘎吱
嘎吱
都坏多久啦？
今天才想起来修！
嘎吱
嘎吱
这不是顾不上嘛。

铃铃~
喂？
打起来了？你等着，我马上过去！

这么冷的天，大周末的你还要出去？

早点回来，还等着你吃饭呢。
塞

现在要去满都拉镇？
这天气过去得大半天呢。
人家找到我了，我
怎么也得过去一趟。
警察
POLICE
内蒙古自治区 达茂联合旗 满都拉镇

我叫潘志荣，
是草原上的一名检察官。
达茂联合旗这片土地约有
三个上海那么大，
两个村之间，
距离远的能达到
几十甚至上百公里。

25年前

我从小在牧区长大，
咔哒
工作以后才知道，要想深入草原，说不好蒙古语是干不好、干不成的。

老潘来了，
正好一起吃饭！

你们吃你们吃，
我吃过饭了。
哈哈哈！你这送上门的，他们不得拉你喝顿大酒？
牧民们很淳朴，
我学蒙古语、下基层，都是为了和他们打成一片嘛。

酒咱不喝，怕误事儿。
也对，每年草原上因为喝酒引发的纠纷可真不少呢！
我就遇到过一个男人，他因为喝多了酒……

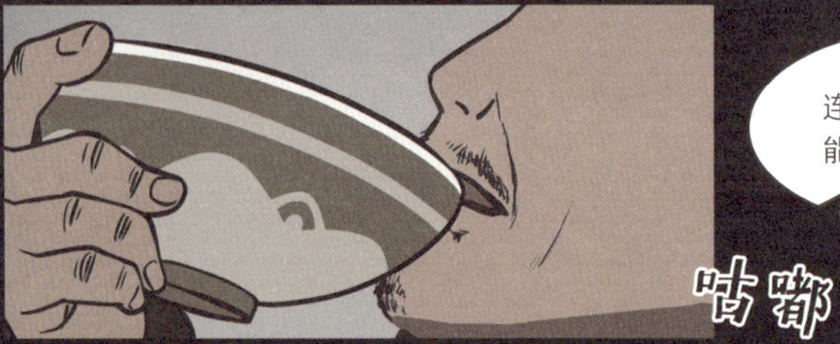
连自己的女儿都
能狠心下手……
咕嘟

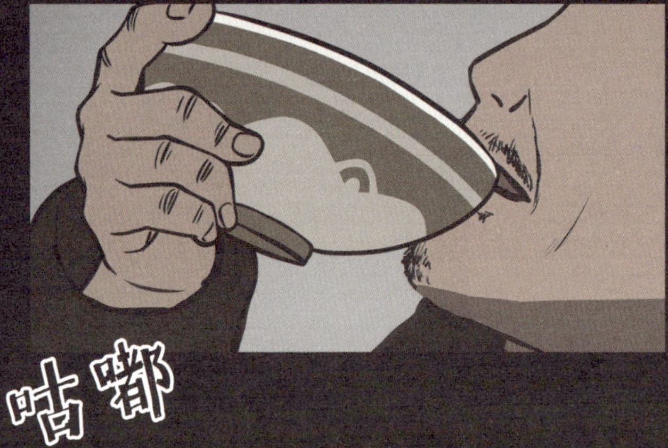
咕嘟

咕嘟
阿爸……

阿爸……

我跟她爸离婚后，
娃儿跟了她爸爸……
她爸有时候精神
不太正常。

喝多了还打孩子……
这要是伤着脸……
娃一辈子都抬不起头来！

娃吓坏了，
现在一步都离不开我。
唉，我还得去打工。
要是挣不到钱，也就没活路了，可怎么办哟！

这案子我听说过，你后来是帮孩子申请了国家司法救助款对吧？
是啊，一年发一笔，能资助孩子到成年。
经济救助倒是很快就解决了，可我更担心的……
还是孩子的心理问题……

她不爱说话了……
也不和其他小朋友玩儿，晚上睡觉也会哭醒……
真不知道该怎么办才好……

有些伤疤能抚平，
有些伤疤，
可能会跟随人一辈子。
孩子，别害怕。

我们会保护你的，
你能陪伯伯说说话吗？

后来我给孩子安排了心理辅导。
她恢复得挺好，这两年也上学了。
有时候，我还是会想起来她之前的样子，
就忍不住打电话问问情况。

这车，又抛锚了……
咔啦啦啦……

老潘，你这些年办了这么多案子，哪个案子最让你为难？
哎呀！
还真有这么一个案子……

咳咳……
我们到医院门口，看到地上有个包，一个小伙子也看到了……
他捡起来打开一看，里面有将近2万元钱。那个小伙子说要跟我们分钱，
丢钱的人就找回来了……

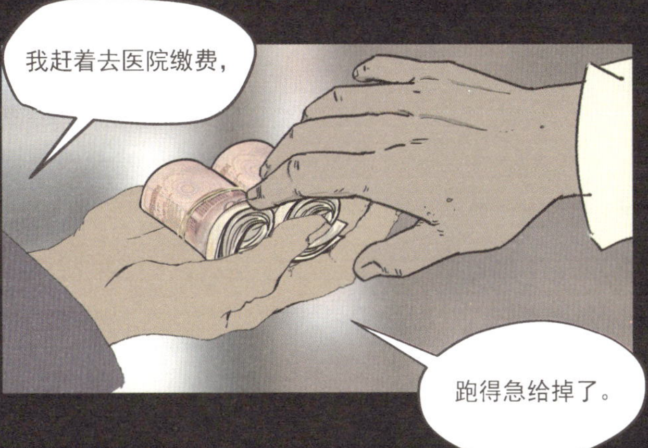
我赶着去医院缴费，
跑得急给掉了。

得亏让你们给
捡着了！

怎么少了一捆？
你可别乱说，我身上的钱都在这儿！
看到没有，都是我自己的钱，你的钱我可没动！
我们可没拿你钱……

你光说谁信啊？
你俩跟他一样，
把身上的钱拿出来
给我看看！
……

当时我把身上的7000元钱刚拿出来，他们就把钱抢走了。原来，之前那个捡钱的和后来那个要钱的是一伙的！
先前捡到的那两小捆钱，就外面一张是真的，里面都是假钱！

大爷，这就叫“叠沓子”，
把假钱叠成一沓子骗人的。

俺们老两口都快七十岁了，
给别人喂牛，打扫牛圈，一个月就挣500元钱……
人已经抓到了。

这是犯罪嫌疑人家属退的钱，一分没少。

谢谢，谢谢！
这是养命钱，养命钱啊……

这案子听起来很顺利啊，也不为难吧？
抓人不难，难的是让犯罪嫌疑人家属退还赃款。

到犯罪嫌疑人家里有90多公里，我前后跑了3次，
反复教育，磨破了嘴皮子，才说服他们退赃。

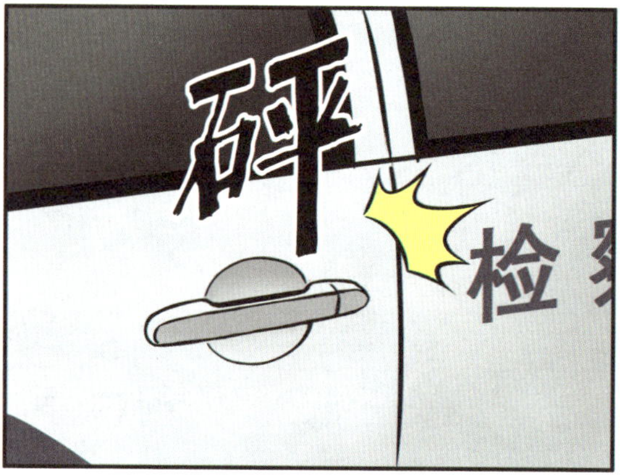
砰
检

就这儿！
我先进去看看情况，
你检查一下车。

15分钟后
走喽，
完事儿喽！
啥？
检察

一对堂兄弟打架，面子抹不开。
我劝了一会儿，说开了，没事了。
老潘，为了15分钟，跑4个小时，值不值？
我觉得值，人家能找我，说白了还是信任我。

要是我今天没来，
真有了严重的后果，
我不得后悔嘛！

也是。

在这里，没有什么惊天动地的大案。
警察
POLICE

都是老百姓身边的小事小情。
小时候我们家穷，
我和兄妹们的学费都是周围牧民一毛两毛凑齐的。

老百姓的事，
握紧

再小，都是大事。

检察
叮铃铃铃
喂，潘主任！
大雪封路啦，学校附近的垃圾山清理不掉！
你能给想想办法不？
警察
POLICE

好，好……
你们先别着急啊，我这就来！
我是草原的儿子，他们都喊我“安达”（兄弟）。
不管是谁来电话，只要牧民需要我，我就第一时间到他们身边，
解决他们的烦恼。